Hockey

Julie Murray

Abdo
DEPORTES: GUÍA PRÁCTICA
Kids

abdopublishing.com

Published by Abdo Kids, a division of ABDO, P.O. Box 398166, Minneapolis, Minnesota 55439.
Copyright © 2019 by Abdo Consulting Group, Inc. International copyrights reserved in all countries.
No part of this book may be reproduced in any form without written permission from the publisher.
Abdo Kids Junior™ is a trademark and logo of Abdo Kids.

Printed in the United States of America, North Mankato, Minnesota.

052018

092018

 THIS BOOK CONTAINS
RECYCLED MATERIALS

Spanish Translators: Telma Frumholtz, Maria Puchol

Photo Credits: Alamy, Getty Images, iStock, Shutterstock

Production Contributors: Teddy Borth, Jennie Forsberg, Grace Hansen

Design Contributors: Christina Doffing, Candice Keimig, Dorothy Toth

Library of Congress Control Number: 2018931619

Publisher's Cataloging-in-Publication Data

Names: Murray, Julie, author.

Title: Hockey / by Julie Murray.

Other title: Hockey. Spanish

Description: Minneapolis, Minnesota : Abdo Kids, 2019. | Series: Deportes: guía práctica |
     Includes online resources and index.

Identifiers: ISBN 9781532180262 (lib.bdg.) | ISBN 9781532181122 (ebook)

Subjects: LCSH: Hockey--Juvenile literature. | Sports and recreation--Juvenile literature. |
     Hockey for children--Juvenile literature. | Spanish language materials--Juvenile literature.

Classification: DDC 796.962--dc23

Contenido

Hockey

¡A Jon le encanta el hockey!

Está listo para jugar.

casco

guante

protecciones

palo

patín
de hielo

disco

5

El hockey se juega en una pista de hielo. Cada equipo tiene 6 jugadores.

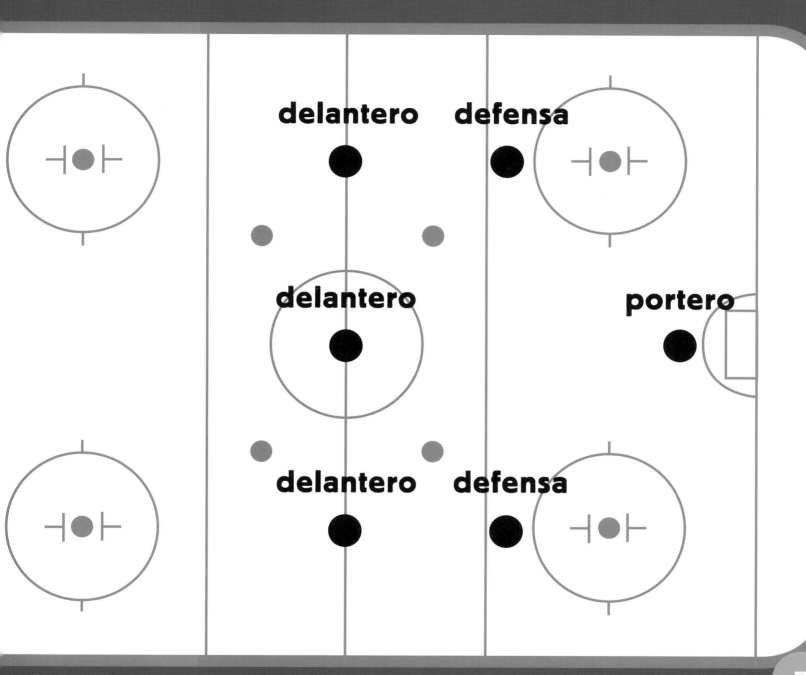

delantero

defensa

delantero

portero

delantero

defensa

La pista tiene 3 **zonas**.

Un partido de la **NHL** dura 60 minutos. Tiene 3 periodos. Cada uno dura 20 minutos.

Los equipos intentan meter el disco en la otra portería para ganar un punto.

Dos jugadores tienen un **saque neutral**. Jim es rápido. Consigue el disco y lo pasa.

Elsa dispara. El portero lo para. Lleva un equipo especial para protegerse.

Ken rompió una regla. Se sienta en el banquillo de penalizaciones. Después de dos minutos, puede volver a jugar.

Jessica dispara y entra en la portería. ¡Mete un gol!

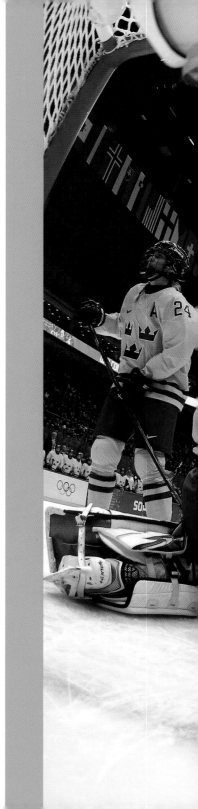

Algunas características de una pista de hockey

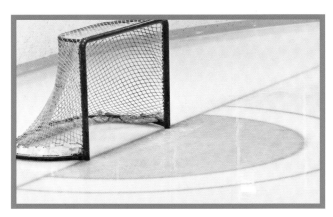

área de portería

círculo de saque neutral

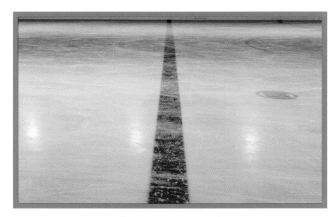

línea azul

vallas

Glosario

saque neutral
comienzo de una jugada donde el árbitro deja caer el disco entre dos jugadores de equipos opuestos.

NHL
siglas para la liga nacional (estadounidense) de hockey.

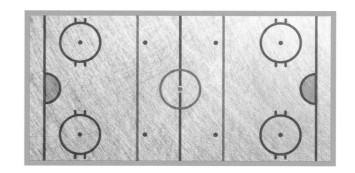

zona
una de las tres áreas (defensiva, neutral y de ataque) en una pista de hockey, dividas por líneas azules.

Índice

Abdo Kids
ONLINE
FREE! ONLINE MULTIMEDIA RESOURCES

¡Visita nuestra página **abdokids.com** y usa este código para tener acceso a juegos, manualidades, videos y mucho más!

Código Abdo Kids:
SHK4152